あなたは、最近、
心がお疲れ気味だな、
ちょっと元気が足りないかな、
なんて感じていませんか？

ぜひ試してもらいたい
ものがあります。

それは、**お経**。

お経は、
いにしえの時代から
日本人に親しまれ、
心を整えるために
唱えられてきました。

実は、
戦国武将の真田幸村や
実業家の松下幸之助
といった
多くの有名人たちも、
心の安らぎを得るために、
お経の力を借りていました。

そして、日本人が、
いにしえの時代より
あこがれ、
心のよりどころを求めて
訪れる場所があります。
それが、
開山1200年を迎えた
高野山です。

高野山奥之院御廟

霊験あらたかな
修行の地として名高く、
悠久の神秘に出合える
場所として人気です。
訪れる人はみな、
歴史的建造物と
山深い自然とが
見事に調和した、
荘厳で美しい景色に
圧倒されます。

高野山壇上伽藍根本大塔

高野山金剛峯寺

高野山では、
いにしえの時代から
変わらず、
独特な文化や
しきたりが守られ、
敬《けい》虔《けん》な生活が
営まれています。

お経もそのひとつ。

修行のため、祈りのために、
毎日読まれています。
その象徴的なものが、
高野山の寺院で、
毎日欠かさず行われている
朝《あさ》勤《ごん》行《ぎょう》です。

高野山の朝勤行では、
おもに、
お経を読み
声《しょう》明《みょう》を唱えます。
声明とは、
メロディーがついた
お経のことです。

高野山一乗院での朝勤行の様子。

朝勤行に参加すると、
すがすがしい空気を感じ、
お経の響きが心地よく
癒されます。

そして、
心が穏やかに整い、
気分がリフレッシュします。

そんなお経が持つ力を
現代を生きる私たちの生活に
とりいれることができないだろうか…。

そう考えて今回、
いつでもどこでも
聞くだけで心が落ち着き、
お経の美しい音律を楽しめる
ＣＤを作りました。

このCDは、
高野山一乗院の本堂で
特別に収録しました。

歴史ある木造建築の
本堂に響き渡る、
僧侶たちの声と鐘や鈴の音。

高野山一乗院での朝勤行の様子。

そして、
高野山の澄んだ空気が、
きっとあなたの**心**を穏やかに、
整えてくれることでしょう。

ぜひＣＤを聞いて、
心に響く癒しのひと時を
体験してください！

目次

第3章 高野山について知ろう 48

第1章

お経に もっと親しもう

高野山一乗院の朝勤行で読まれている
お経や、お経を聞くことについて、
ご説明します。
また、お経を普段の生活に
とりいれるためのヒントもご紹介します。

お経を
もっと身近に！
ふだんの生活に
とりいれよう！

お経の力を借りてより良い毎日を

お経と聞くと難しくて、自分とは遠い存在と考えていませんか？

お経は約2500年前、インドで生まれたお釈迦様の言葉を弟子たちがまとめたものです。漢文が多いため難解な語句も多く、確かに分かりにくいかもしれません。

しかし、**お経は読んだり、書いたりするだけで良いことがある**とされ、お経の深い意味を理解することはできなくても、すでにその言葉には不思議な力が備わっているのです。

現在、多くの人々がお経に注目するようになりました。高野山に訪れる人の中には写経をされる方も多いですし、般若《はんにゃ》心経《しんぎょう》を唱えられる人も増えてきています。高野山では有志の僧侶が集まり、声明《しょうみょう》（お経にメロディーが付いたもの）の公演を全国で行っておりますが、大勢の熱心な方々が聞きにきてくださいます。**お経を聞くだけで日常の悩みや疲れがリセットされて、心が癒された**という方もいらっしゃいます。

お経はお寺や仏壇の中の仏様に向けて唱えられるのが基本となりますが、先祖供養だけでなく、願いごとをしたり、世界の平和を祈願してもいいのです。もちろん、家でひとり唱えるのも良いでしょう。**お経はもっと身近で親しみやすいもの**なんです。

こんなときに聞いてください

やる気を出したいとき

●勉強を始める前

●朝起きたとき

●仕事がうまくいかないとき

●集中できないとき

平常心になりたいとき

●大切な発表会の前

●仕事でミスをしたとき

●イライラしているとき

●夫婦喧嘩をしたとき

●子どもが反抗期に
なったとき

つらいことがあったとき

●恋人と別れたとき

●人に傷つけられたとき

●人生に疲れたとき

●家族が入院したとき

●ケガや病気をしたとき

この本のＣＤは、
一乗院の朝勤行で
読まれている
お経をそのまま収録しました！

一乗院の伝統の朝勤行をあなたに

高野山では毎日早朝に仏様を讃《たた》え、供《く》養《よう》する朝《あさ》勤《ごん》行《ぎょう》があります。**朝勤行とは「朝のおつとめ」のこと**。

毎朝6時半頃、まだ夜が明けたばかりで薄暗く、凛とした空気の中、それまでの静寂を破るかのように鐘が鳴り、勤行の開始を伝えます。

一乗院では声明を多くとりいれた勤行をしています。時間はだいたい40〜50分くらいでしょうか。やがて勤行の最後には、お参りいただいた方と僧侶が全員一体となって、みんなで般若心経を唱えます。

今回はそんな**高野山一乗院で行われてきた朝勤行の様子をCDに収録**し、皆さまに聞いていただくことになりました。聞き方は自由。お経の素朴なリズム、声明の美しい調べに心を通わせてみてください。

一乗院の朝勤行

今回のCDで収録されているお経を一覧にまとめました。
真言宗の代表的なお経、般若《はんにゃ》理《り》趣経《しゅきょう》を中心に構成されています。

半鐘《はんしょう》

鐘を打ち、朝勤行の開始を告げます。

散華《さんげ》

密教の教えを心から信じ、仏様に華（花）を供養するという意味の声明です。実際に僧侶たちが花を散らしながら声明を唱えます。

対揚《たいよう》

散華と合わせて1つの曲とされる声明。ワンセットで唱えられます。仏の徳を讃えるだけでなく、声明を唱える僧侶がお互いを供養し合う曲です。

唱礼《しょうれい》

仏の教えを守り、自分の罪を懺悔《ざんげ》し、他人の善行や功徳《くどく》を喜び、自分も善行を行い、その功徳が全体に行き届くことを願う「五悔《ごかい》」をはじめ、ご本尊や諸尊が降臨されることを願う「勧請《かんじょう》」、密教における五種類の大きな願いを誓う「五大願《ごだいがん》」の3部構成になっている声明です。

前讃《ぜんさん》（四智梵語《しちぼんご》）

前讃とはお経を唱える前に仏様を讃えるもので、サンスクリット語で唱えられます。
四智梵語とは、密教の教える4つの智恵を讃える声明です。

般若理趣経《はんにゃりしゅきょう》

真言宗で唱えられる数多くのお経の中でも、重要とされるお経です。このお経を習うためには厳格に作法が決められ、ある程度の修行を経ないと読むことが許されませんでした。人間の行動や考え、営み自体は本来は不浄なものでないと説き、世のため人のためという大欲《たいよく》を持ち、仏様やすべての生きもののために生死を尽くして生きることが大切であると伝えています。

後讃《ごさん》（仏讃《ぶっさん》）

般若理趣経の後に唱えられる声明で、サンスクリット語で唱えられます。仏讃は仏教の宝である三宝《さんぽう》（仏《ぶつ》・法《ぽう》・僧《そう》）を讃える声明です。

回向《えこう》（懺悔随喜《さんがいずいき》）

自分の罪を懺悔し、仏の教えを守ることを誓い、その功徳が生きとし生けるものすべてに広まるように願う短いお経です。

般若心経《はんにゃしんぎょう》

宗派を超えて人気がある有名なお経です。仏教の根本的な考え、ものには実体がないという「空《くう》」を説くお経です。

大師宝号《だいしほうごう》

弘法大師（空海）に帰依（教えを守って信心する）しますと誓う宝号。

高野山の朝勤行の構成は、古来だいたいの形式が決まっており、礼拝する仏様や祈願の内容によって変わります。

勤行の開始を伝える半鐘《はんしよう》の音が鳴った後、すぐに声明が始まり、散華《さんげ》、対揚《たいよう》、唱礼《しようれい》の３曲が唱えられます。

「散華」は仏様に華（花）を供養するという意味で、一乗院では実際に紙でできた花を散らしながら読経します。そして僧侶がお互いを供養し合う「対揚」、３部構成になっている「唱礼」と続きますが、なかでも散華＆対揚はワンセットで考えられていて、１曲の声明として使われることが多いようです。（今回はこの３曲すべてを収録していますが、一乗院では１日ごとに散華＆対揚、または唱礼のどちらかを唱えるため、実際の勤行とは異なります。）

それから、メインの般若理趣経《はんにやりしゆきよう》を挟んで前讃《ぜんさん》、後讃《ごさん》を唱え、回向《えこう》の懺悔随喜《さんがいずいき》と続きます。

この後、一乗院では前夜から宿泊していた参列者に経本を配り、僧侶と一緒になって全員で般若心経《はんにやしんぎよう》と大師宝号《だいしほうごう》を唱えます。多い時には50名以上で唱える読経の響きと一体感は感動的です。

CD収録リスト

1. 半《はん》鐘《しょう》
2. 散《さん》華《げ》
3. 対《たい》揚《よう》
4. 唱《しょう》礼《れい》
5. 前《ぜん》讃《さん》（四《し》智《ち》梵《ぼん》語《ご》）
6. 般《はん》若《にや》理《り》趣《しゅ》経《きょう》
7. 後《ご》讃《さん》（仏《ぶつ》讃《さん》）
8. 回《え》向《こう》（懺《さん》悔《がい》随《ずい》喜《き》）
9. 般《はん》若《にや》心《しん》経《ぎょう》
10. 大《だい》師《し》宝《ほう》号《ごう》

このリストの番号がそのままトラック番号となります。本書のCDはCDプレーヤーでご使用ください(パソコンで使用すると不具合が生じることがあります)。

※収録にあたり、お経・声明ともに作法を変えたり、時間の都合上、割愛をしている部分があります。たとえば、導師は本来瞑想をしたり、お供えをしたり、修法に専念して唱礼以外声を出さないのが通例ですが、今回は一乗院の朝勤行と同様に導師である住職もお経や声明を唱えています。

もっと一乗院の朝勤行の雰囲気を味わうなら

お香をたいて
聞いてみる
部屋の照明を
暗くして
聞いてみる
瞑想を
しながら
聞いてみる

朝勤行をもっと身近に感じられる方法です。
できれば、ヘッドホンを付けてボリュームを大きめにし、
リラックスしながら聞いてみましょう。

もっとお経が好きになる!

仏教用語&キーワード

この本を読み進める上で、知っておきたいキーワード、仏教用語をまとめました。詳しくなることでもっとお経が身近に感じられます。

大日如来《だいにちにょらい》

大日如来はあらゆる仏の中で最高の仏様と言われ、真言密教では大宇宙そのものを表し、すべてのものは大日如来の化身と考えられています。たとえば、ほかの仏様も人間も大日如来の仮の姿であるという考え方です。胎蔵《たいぞう》界《かい》大日如来、金剛界《こんごうかい》大日如来という2種類の大日如来が存在します。

釈迦《しゃか》

仏教の開祖であるお釈迦様（釈迦如来）のことです。今から2500〜2700年前の古代インドで仏教を開きました。ブッダとも呼ばれます。

弘法大師《こうぼうだいし》

平安時代の名僧・空海のこと。31歳で中国に渡り、恵果阿闍梨《けいかあじゃり》から短期間で真言密教のすべてを受け継ぎ、真言宗の開祖となりました。816年（弘仁7年）、嵯峨天皇より高野山を賜り、高野山を開きました。

高野山《こうやさん》

和歌山県北部にある真言密教の霊場。標高900メートル前後の山上に、奥之院《おくのいん》御《ご》廟《びょう》、壇上伽藍《だんじょうがらん》という二大聖地、高野山真言宗約4000ケ寺の総本山である総本山《そうほんざん》金剛《こんごう》峯寺《ぶじ》、その塔頭《たつちゅう》寺院として現在約50のお寺が存在しています。

功徳《くどく》

善行を積むと得られる神仏の恵みや報い。神仏から与えられるご利益。

供養《くよう》

お供えをすること。水、花、果物やご飯、お香やお経なども供えることができます。また、礼拝によって〝こころ〟や〝気持ち〟をお供えするという意味もあります。

サンスクリット語（梵語《ぼんご》）

古代から中世にインドや東南アジアで広く使われた言語。お釈迦様の生きた時代が古代インドのため、お経は当時の文章語としてのサンスクリット語由来が多いのです。また、それを文字にしたものは梵字《ぼんじ》と呼ばれ、日本ではその一字一字に霊力があると信じられています。

真言《しんごん》

梵語の語音をそのまま音写したもので、音が大切なために翻訳せずにそのまま使います。たとえば、観世音菩薩《かんぜおんぼさつ》の真言は「オン　アロリキャソワカ」と言います。

密教《みつきょう》

密教というのはその言葉とおり、秘密の仏教という意味。それは大切な教えや真理が書物などを使わず、口伝《くでん》（師匠から弟子へ直接口で伝えること）で伝わってきたからと言われます。日本には弘法大師（空海）が伝えた真言密教（東密）と、伝教大師（最澄）が伝えた天台密教（台密）があります。

第2章

お経についてもっと知ろう

そもそもお経って何なのか。
お経の種類や仏様について、そして、
お経の持つチカラについてなど、
高野山一乗院の住職が、
お経の基本をやさしく説明します。

そもそもお経って何ですか？

お経とは、お釈迦様の教えを後世に残すため、弟子たちによってまとめられたものです。当時は口伝《くでん》（口伝え）のみで伝えられましたが、文字の使用が広まった３００年ほど後に仏典として成立しました。もともとはインドの言葉なのですが、日本では漢字に翻訳したものが主流です。これは中国を経由して仏教が伝来したからです。

お経は三蔵《さんぞう》と呼ばれる３種の仏典からなり、お釈迦様の教えをまとめた「経《きょう》」、僧侶の規律や道徳をまとめた「律《りつ》」、それらの注釈・解釈を集めた「論《ろん》」に分かれています。

仏教がインドから中国に伝わった後、お経は大蔵経《だいぞうきょう》または一切経《いっさいきょう》という名前で１つにまとめられました。日本に伝来したのは飛鳥時代。当初は貴族に広まり、**平安時代に入ると、空海《くうかい》や最澄《さいちょう》によって、全国の庶民に広がるようになりました**。特に古いお経としては、６００巻もある大般若経《だいはんにゃきょう》があり、それを集約したのが、有名な般若心経《はんにゃしんぎょう》です。

声《しょう》明《みょう》って何ですか？

仏教ではキリスト教の賛美歌のように、仏様を讃え、供養する声明という仏教音楽があります。**声明はお経にメロディーが付いたようなもの**で、いわば無伴奏の仏教声楽。**高野山では大切な法会、勤行などで必ず声明が唱えられています**。

声明はお経と同じく古代インドで誕生し、奈良時代に日本に伝わりました。やがて平安時代初期に空海・最澄がそれぞれ真言声明・天台声明として中国から持ち帰り、二大流派に発達しました。一説には琵琶法師の平曲、浄瑠璃、さらに民謡なども声明から影響を受けたというほど、**日本の音楽文化にとっても大きな存在**でした。

今回CDに収録されている声明は、高野山に伝わる南山《なんざん》進流《しんりゅう》という声明です。高野山では今もなお、弘法大師が瞑想されているので、他の流派に比べ若干抑揚（音楽的な要素）を抑えている声明だと言われています。

近年、**高野山では有志の僧侶が集まり、声明を継承して社会的認知を高めるために『サンガ』という団体を結成**。日本国内をはじめ、アメリカやヨーロッパに公演に出かけ、声明の伝統を伝えています。

お経の種類はどんなものがありますか？

お経の歴史は約２５００年以上もあり、仏教が発展する中、膨大な数のお経が成立しました。中国に伝わった仏教は大蔵経《だいぞうきょう》または一切経《いっさいきょう》という名前で１つにまとめられ、大蔵経の仏典の数はおよそ５０００巻以上とも言われています。

さて、日本に仏教が伝来し、さまざまな宗派が生まれると、**それぞれの宗派ごとに唱える経典が定められていきました**。たとえば、奈良時代に開かれた華厳《けごん》宗は華厳経を読み、平安時代の天台宗は法華経《ほけきょう》を根本経典にするというように、宗派の数だけお経へのアプローチが異なっています。しかし、**中には共通で読まれるお経もあり、般若心《はんにゃしん》経《ぎょう》は真言宗、天台宗、臨済宗、曹洞宗などで唱えられています**。**高野山で唱えるお経としては、般若理趣経《はんにゃりしゅきょう》、般若心経《はんにゃしんぎょう》、観音経《かんのんきょう》、金剛界禮懺《きんこうかいれいさん》などがあります**。

また、通常の漢文で書かれたお経のほかに、梵語《ぼんご》（サンスクリット語）の音のまま読む陀羅尼《だらに》、それを短くした真言《しんごん》、日本語に訳された和讃《わさん》があります。高野山ではそれらのお経すべてを唱えています。

●本書へのご意見・ご感想をお聞かせください。

ご協力ありがとうございました。

郵便はがき

切手を
お貼りください

105-0002

（受取人）

東京都港区愛宕1-1-11

（株）アスコム

心を整える
高野山のお経CDブック

読者　係

本書をお買いあげ頂き、誠にありがとうございました。お手数ですが、今後の出版の参考のため各項目にご記入のうえ、弊社までご返送ください。

お名前	男・女	才
ご住所　〒		
Tel	E-mail	

今後、著者や新刊に関する情報、新企画へのアンケート、セミナーのご案内などを郵送または eメールにて送付させていただいてもよろしいでしょうか？

□はい　□いいえ

返送いただいた方の中から**抽選で5名**の方に
図書カード5000円分をプレゼントさせていただきます。

当選の発表はプレゼント商品の発送をもって代えさせていただきます。
※ご記入いただいた個人情報はプレゼントの発送以外に利用することはありません。
※本書へのご意見・ご感想に関しては、本書の広告などに文面を掲載させていただく場合がございます。

スペシャルプレゼント！

この本のCDに収録されたお経のうち

般若心経のテキストを

無料

ダウンロードプレゼント！

ダウンロードはこちら

http://www.ascom-pub.net/okyocdbook

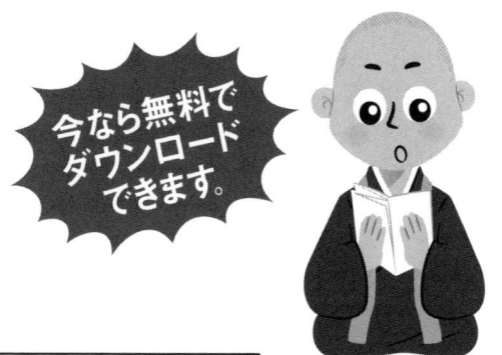

お経の一例

- 阿弥陀経
- 仁王経
- 無量寿経
- 般若理趣経
- 法華経
- 華厳経
- 大日経
- 金剛頂経
- 金光明経
- 蘇悉地経
- 阿含経
- 涅槃経
- 般若心経

高野山で唱えられているお経は、
般若理趣経、般若心経、
金剛界禮懺、胎蔵界禮懺、
梵網経、立義分、
舎利禮、観音経 などです。

般若心経と般若理趣経とは？

般若心経と般若理趣経についてお話しします。まず、般若心経は各宗派で使用され、多くの解説本が出版され、それぞれ独特の見解がありますが、**真言宗で基本にしているのは弘法大師の解説です**。

一般的に般若心経で説く「空《くう》」の世界は、世の中すべての欲望や所得物を「ない」ほうがいいんだよと否定しています。つまり、否定することによって自分自身が楽になるんですよというお経です。**これに対して般若理趣経は「ある」ことを肯定するお経**です。誤解しやすい部分もありますが、人間の欲望すべてを肯定するお経と言えます。２つのお経は逆のことを言っているようですが、**深いところではつながっている**のです。

般若心経

大般若経６００巻のエッセンスをわずか約３００文字（一説には２７６文字）に凝縮したものです。現在、真言宗・天台宗、禅宗など各宗派で読まれ親しまれているお経です。

仏教の根本的な考え、**ものには実体がないという「空」を説くお経**とご理解ください。たとえば、般若心経の一番重要な部分「掲諦掲諦《ギャテイギャテイ》 波羅掲諦《ハラギャテイ》 波羅僧掲諦《ハラソウギャテイ》 菩提薩婆訶《ボウヂソワカ》」は意味が分からずとも、音読みするだけで功徳があるお経と言われています。

般若理趣経

真言宗として最もポピュラーなお経ですが、かつてこのお経を習うためには厳格に作法が決められていました。一般の多くのお経を理解してからでないと習えなかったのです。このお経を直訳しそのまま受け取ってしまいますと大変な誤解が生じるからです。

理趣経にはそれまでの経典で否定していた人間の欲望や煩悩までも、本来は清らかな菩薩《ぼさつ》の境地《きょうち》であると書かれています。たとえ、今までの罪悪行も理趣経を毎日読むことによって浄化されると、大胆にも書いてあるのです。

理趣経では欲を捨てなさいというよりも、逆に欲を持ちなさいと説いています。しかし、これは大変大きな欲ということです。自分のための欲ではない、社会全体のための欲を持ちなさいということ。これを理趣経では「大欲《たいよく》」と呼んでいます。

密教はすべての人々の欲を肯定したうえで、個人の欲さえも社会全体への欲へと変化させていく。そこが密教のダイナミックなところで、非常に興味深い考え方なのです。

お経を唱える相手、仏様っていったい何？

仏様とは、ブッダ（＝如来）のことであり、「悟りを得た者」を意味します。しかし、時代が進むごとに広い意味でとらえられ、如来に準じる菩薩《ぼさつ》、明王《みょうおう》、天《てん》、高僧なども仏様と呼ばれ、やがて死者も仏様と呼ばれるようになりました。

朝勤行のような場合にはお寺のご本尊をはじめ、礼拝対象になっている仏像の仏様にお経を唱えるのが一般的です。そしてこの**仏像は大きく4つのグループに分かれています**。**一番位《くらい》が高いのが修行を完成させて悟りを開いた「如来《にょらい》」**で、釈迦如来、大日如来、阿弥陀《あみだ》如来などです。**次に悟りを求めて修行し、如来を補佐して人々を救う「菩薩《ぼさつ》」**で、観世音《かんぜおん》菩薩や弥勒《みろく》菩薩、普賢《ふげん》菩薩など。そして、**密教の守り神であり、悪を降伏して人々を導く「明王《みょうおう》」**は、不動明王《ふどうみょうおう》や愛染明王《あいぜんみょうおう》、孔雀明王《くじゃくみょうおう》など。さらに、**仏教の守護神であり、人々を救う「天《てん》」**は毘沙門天《びしゃもんてん》や弁才天《べんざいてん》、吉祥天《きっしょうてん》などが有名です。

なお、**仏像だけが仏様ではありません**。仏様はたとえカタチがなくても、どこにでもいらっしゃいます。皆さんの心の中にもおられるのです。

※P43の写真はすべて一乗院蔵。

阿弥陀如来《あみだによらい》

無限の光を放ち、無限の寿命を持つ。安楽の天国「極楽浄土」の主として、人々を導いてくれる仏様。

弥勒菩薩《みろくぼさつ》

現在は天上の世界で修行し、ブッダの入滅後56億7000万年後の未来に現れ、人々を救済するとされる仏様。

毘沙門天《びしやもんてん》

別名、多聞天《たもんてん》で四天王のリーダー。単独に祀られると毘沙門天と呼ばれます。武神として有名な仏様。

不動明王《ふどうみようおう》

持っている縄で悪を降伏させて正し、仏道に導く仏様。「お不動さん」と親しまれています。五大明王の一尊。

お経の持つチカラと効果とは？

お経には数々の功徳がある

今までお経は仏教界においても様々な研究がされてきました。私の経験上でも、お経を読むことで数々の功徳があると感じています。

1、日常生活から離れ、読経に集中することで悩みから解放される。

2、心が落ち着き、平常心を保つことができる。

3、仏様と人、人と人との連帯感が生まれる。

4、それがお経を読んでいる人以外にも広がり、幸せが広がる。

5、神仏への祈りをすること自体が喜びになる。

以上、例をあげたほかにも、**お経の功徳や効果はたくさんあり、そのチカラは計りしれないものがあります**。真言宗の教義には古来、お経を書き写したり、唱えたりすることによって功徳が得られるとは説かれているのですが、実は聞くことに功徳があるとは書かれていません。

朝勤行で癒されたとの声も

しかし、**一乗院の朝勤行を体験した方からは「元気が出た」「癒された」という声が絶えません。**朝勤行では般若心経をみんなで唱える以外、参列者は読経を聞いているだけなのですが、人によっては仏様と一体になったかのように感じられる人もいらっしゃるのです。

こういった話をうけて、私はお経が仏様を供養する以外に、**人間の心も供養することができる**と信じています。なぜなら、私たち一人ひとりの中にも仏様がいらっしゃるからです。

少し分かりにくいかもしれませんが、人間とは全く別のものではありません。よく成仏する

一乗院では阿字観の入門編である阿息観の体験ができる。

と言いますが、気の遠くなるような長い年月をかけて仏に「成る」のではなく、すぐに仏に「成れる」自分を知るというニュアンスに近いでしょうか。

それを**弘法大師は「即身《そくしん》成仏《じょうぶつ》」という言葉で伝えています**。つまり、すぐにでも仏になれるという教えです。

「即身成仏」をするためには三密《さんみつ》加持《かじ》という修行があります。三密とは、手に印《いん》を結び、口に真言《しんごん》を唱え、心を三摩《さんま》地《じ》、つまり平穏に保つということです。その三密を修行することによって、仏となれるのです。

読経する一乗院住職はじめ修行僧たち。

お経で人々の心と人々の中の仏様を供養する

たとえば、**高野山では阿字観《あじかん》という瞑想法があります**。瞑想といえば無になることを目的とする、禅宗の「禅」を思い浮かべる人が多いと思いますが、密教の「阿字観」は大日如来《だいにちにょらい》（＝宇宙）をイメージし、自分が宇宙と一体となるための瞑想法です。この阿《あ》字観《じかん》で大日如来と同じ手の形（法界定印《ほうかいじょういん》）を結び、〝アー〟という大日如来の一字の真言を唱え、そして心を落ち着かせると、すぐに仏になれるとされています。

だから**お経は聞いているだけでも気持ち良く、心が安らかになり、平常心になっていく**のかもしれません。お経の一文字一文字が私たちの細胞一つひとつに浸透し、心を癒してくれる。そして元気が出て、やる気が出て、目の前の日常に励むことができる。それこそ、お経の持つチカラであり、お経の重要な役割であると思います。

佐伯公応（さえきこうおう）
別格本山一乗院住職。高野山大学卒業後、総本山金剛峯寺法会課長を5年間勤め、1999年学修灌頂入壇し、伝燈大阿闍梨位取得。2009年学修灌頂教授として出仕。高野山真言宗耆宿宗会議員。また、NPO法人SAMGHA／真言声明の会では監事役を務め、高野山に伝わる南山進流声明の伝統を継承し、その社会的認知を広める活動を行っている。

第3章

高野山について知ろう

真言密教の聖地、世界遺産高野山。
山内には二大聖地といわれる
奥之院と壇上伽藍など、
重要な場所がたくさんあります。
この章では、高野山について
少しご紹介します。

高野山はこんなところです

開創1200年を迎えた弘法大師の開いた天空の霊場

高野山は平安時代、真言密教の開祖である弘法大師（空海※）が開いた霊場です。和歌山県北部の山間部にあり、山麓から車やケーブルカーで訪れると、森に囲まれた山上にいきなり町が現われ驚きます。山全体が総本山金剛峯寺の境内となっており、その塔《たっ》頭《ちゅう》（子院）として、約50ものお寺が存在します。ほとんどのお寺は宿坊を兼ねていて、実際に泊まることができます。この、まるで幻のような天空の町では、**現在も大勢の僧侶たちが修行を積んでいます**。

今から1200年前、816年（弘仁7年）に弘法大師はこの地に真言密教の根本道場を開きました。835年（承和2年）、弘法大師は入定《にゅうじょう》※されますがそれ以来、ずっと高野山の僧侶たちは、弘法大師のために毎日お食事を作ってお供えしています。つまり、**今も弘法大師は奥之院で〝生きて〟私たちを見守っていらっしゃいます**。

その大師が眠る**「奥之院御廟《おくのいんごびょう》」**と、密教の修行道場である**「壇上伽藍《だんじょうがらん》」**。この2つが**高野山の二大聖地**です。さらに、**高野山真言宗約4000ケ寺の総本山である金剛峯寺《こんごうぶじ》**

があり、これらを中心として、高野山は今も多くの人々の信仰をあつめています。

鎌倉時代に北条政子が源頼朝の菩提を弔うために寺院を建立。戦国時代には上杉謙信、真田幸村といった武将たちが崇敬し、豊臣秀吉は金剛峯寺の前身である寺院を寄進しました。江戸時代になると、徳川家が高野山を菩提所と定め、17万石という大名格を与えました。まさに**高野山は時の権力者たちにも信仰され、１２００年の時を歩んできた**のです。

また、それを証明するかのように高野山には多くの人々から奉納・寄進された建物や仏教美術などがたくさん残されています。それらは山内の各寺院にもあるのですが、火災や盗難から守るために建てられた霊宝館《れいほうかん》には、国宝21件、重要文化財１４３件を含む5万点以上の宝物が収蔵されており、一般の人々も拝観できます。

２００４年（平成16年）、高野山は『紀伊山地の霊場と参詣道』として、**ユネスコの世界文化遺産に登録**され、日本国内だけでなく海外からも観光客が訪れています。

※空海《くうかい》……弘法大師。真言宗の開祖。平安時代初期に遣唐使として中国に渡り、密教の第七祖・恵果和尚から密教の奥義を伝授される。高野山金剛峯寺を開く。

※入定《にゅうじょう》……断食修行の後、瞑想をしながら仏になること。

奥《おく》之《の》院《いん》御《ご》廟《びょう》

弘法大師が眠る信仰の地

杉並木に並ぶ20万基の墓石群

高野山の一の橋から弘法大師（空海）が眠る御廟《ごびょう》までの約２キロメートルの区域を『奥之院』と言います。高野山の入口・大門から御廟までが約４キロメートルなので、およそ**高野山の半分が奥之院**ということになります。

御廟へと向かう参道には樹齢１０００年を超える杉並木がそびえ、**約20万基ともいわれる墓石群、供養塔が並びます**。そこには、法然や親鸞など**大宗教家の墓**、織田信長や明智光秀など**戦国武将の墓**などが、**宗派や敵味方を超えて弘法大師のそばに眠っています**。

参道を進むと御廟橋があり、そこから先が御廟の霊域となります。さらに階段を昇れば、御廟の拝殿である燈《とう》籠堂《ろうどう》です。**奉納された燈籠は数万燈**あり、１０００年近く燃え続けていると言われる「消えずの火」があります。

奥之院参道。杉木立の中、20万基を超える墓石群、供養塔が並ぶ。

弘法大師様へのお食事を
毎日御廟まで運ぶ僧たち。

壇《だん》上《じょう》伽《が》藍《らん》

高野山の中心にある真言密教の修行道場

高野山の総本堂

弘法大師が眠る奥之院とともに、高野山二大聖地と呼ばれるのが壇上伽藍です。1200年前、弘法大師は**真言密教の修行道場**として、まず最初にここに小さなお堂を建てました。現在は金《こん》堂《どう》、根本大塔《こんぽんだいとう》をはじめ、高野山の守護神を祀る御社《みやしろ》、西塔や東塔、国宝の不動堂など密教思想に基づいた堂や塔があります。

金堂は、高野山の重要な行事が行われる総本堂です。819年（弘仁10年）に建てられたもので、当初は「講堂」と呼ばれていました。1926年（昭和元年）の火災でご本尊の薬師如来とともに七体の仏像が消失。現在のご本尊は高村光雲作の薬師《やくし》如来（秘仏）です。ご本尊は、阿閦《あしゅく》如来とも言われていますが、秘仏だったため、本尊が薬師如来なのか、阿閦如来なのかは謎となっています。

ご本尊を守る、鮮やかな脇侍仏《きょうじぶつ》たち。美しい色彩にはっとさせられる。

金堂内陣。壇上には密教法具が並ぶ。左右には平清盛が奉納した曼荼羅《まんだら》がかかる。

ご本尊の横には本尊を守る脇侍仏《きょうじぶつ》があり、鮮やかな極彩色が印象的です。また、内陣の左右には**平清盛が奉納した有名な血曼荼羅《ちまんだら》**のレプリカがかけられています。**根本大塔《こんぽんだいとう》は、壇上伽藍の中でもひときわ目立つ大きな塔**です。高さは約48・5メートル。平安時代初期に完成しましたが、落雷や火事で何度も消失し、現在の大塔は1937年（昭和12年）に完成したコンクリート製です。

根本大塔のご本尊は、黄金色に輝く胎蔵界大日如来《たいぞうかいだいにちにょらい》。そのまわりには金剛界の四仏《しぶつ》（阿閦如来、宝生如来、阿弥陀如来、不空成就如来）が祀られ、朱漆で塗られた柱には堂本印象による十六大菩薩が描かれています。これは**曼荼羅を堂内で再現した立体曼荼羅《りったいまんだら》の世界を表現しています**。

また、弘法大師が真言密教を広めるのにふさわしい場所を求めて法具である三鈷杵《さんこしょ》を投げたところ、高野山で見つかったという伝説があるのですが、その**三鈷杵が引っかかっていた三鈷《さんこ》の松《まつ》**が壇上伽藍にあります。

根本大塔内陣。堂内正面に、ご本尊、胎蔵界大日如来が祀られている。

根本大塔外観。
たびたび焼失しているため、
現在は1937年築の建物。

総本山金剛峯寺《そうほんざんこんごうぶじ》

高野山全体を統括する寺院

高野山真言宗の総本山

弘法大師御廟を信仰の中心として結成された高野山真言宗4000ケ寺、信徒1000万人の総本山。この総本山の住職は座主《ざす》と呼ばれ、高野山真言宗管長を兼任し、高野山全体の宗務一切を司っています。

　1593年（文禄2年）、**豊臣秀吉が母親の菩提を弔うために寄進した青巌寺《せいがんじ》が前身**で、1871年（明治元年）に金剛峯寺に改号されました。

　金剛峯寺の主殿は東西約60メートル、南北約70メートル。天皇・上皇の謁見や応接に使用された上壇《じょうだん》の間や座主居間、奥殿、別殿、新別殿、書院などがあります。また、境内には弘法大師の志を受け継いだ直弟子、真然《しんぜん》大徳を祀る**真然廟《しんぜんびょう》**、国内最大級の石庭である**蟠龍庭《ばんりゅうてい》**などが点在します。

金剛峯寺の正門。1593年に再建された、金剛峯寺の中で一番古い建物。

金剛峯寺にある国内最大級の石庭、蟠龍庭。岩で龍を、白い砂で雲海を表現する。

別《べつ》格《かく》本《ほん》山《ざん》一《いち》乗《じょう》院《いん》

時の天皇や大名に信仰された名室

平安時代創建の優美な古刹

総本山金剛峯寺の塔頭《たつちゅう》寺院（子院）として、平安時代前期に善化上人により創建された古刹です。ご本尊は弥勒菩薩《みろくぼさつ》と秘仏愛染明王《あいぜんみょうおう》。弥勒菩薩はブッダの入滅後56億7000万年後の未来に現れ、多くの人々を救済するとされる仏様。**弥勒菩薩をご本尊におくのは一乗院が高野山内では唯一**です。また、愛染明王はその弓矢で悪を正し、人々の欲を大欲に導く仏様と言われています。

1500坪の境内には豪華な装飾が美しい本堂をはじめ、趣がある庭園、そして宿坊もあります。宿坊では高野山ならではの精進料理もいただくことができます。

江戸時代には「**寺格中通20カ寺中、随一たる古跡名室**」と言われ、霊元天皇や五摂関家の九条家、諸大名に信仰されました。

風格を感じさせる一乗院の表門。寺紋の九条藤が門扉に彫刻されている。

ご本尊は高野山唯一といわれる弥勒菩薩と秘仏のため見ることはできない愛染明王。

高野山の修行体験

高野山は弘法大師が開いた修学のための場所。高野山へ行ったらぜひ、密教の修行を体験してみましょう！

写経

お経のありがたさを身近に体験できる修行が、経典を書き写す「写経」です。高野山では筆ペンで「般若心経」をなぞるタイプの写経が多いようです。一文字一文字丁寧に文字をなぞるだけで心が清められ、気持ちが落ち着いていくのを実感できます。

お経を書き写すこと自体に功徳があるとされ、仏教が伝来した奈良時代から、天皇や豪族がこぞって写経をしたそうです。もちろん、自宅でもできますが、仏様のいらっしゃる寺院で、お経と向き合うことで、いつもと違う自分を感じることができるでしょう。

阿字観《あじかん》

密教で広く行われている瞑想法が「阿字観」です。瞑想といえば禅を思い浮かべる人も多いと思いますが、密教の阿字観は大日如来を表す梵字《ぼんじ》の「阿」が書かれた軸の前で、大日如来《だいにちにょらい》つまり宇宙を想定し、自分が宇宙と一体となっていくことをイメージする瞑想法です。

高野山では基礎編の阿息観、数息観《すそくかん》のことを広い意味で「阿字観」と言っています。阿字観はもともとリラックスを目的としていますので、基礎編でも心がゆったりと落ち着きます。

高野山への行き方

電車の場合 ●新大阪から

地下鉄御堂筋線でなんば駅まで約16分

↓

南海電鉄なんば駅から南海高野線極楽橋駅へ特急で約90分
(橋本行き急行の場合、橋本駅乗り換えで極楽橋駅へ行けます)

↓

極楽橋よりケーブルカーで高野山駅へ約5分

山内路線バスで各所へ(タクシーもあります)

山内路線バス

高野山駅前から各名所へは山内路線バス「南海りんかんバス」

「南海りんかんバス」が一日乗り放題の「高野山内フリー乗車券」830円もあります。

● 壇上伽藍、金剛峯寺、一乗院へは「千手院橋」まで11分。下車徒歩2分。
壇上伽藍へは下車徒歩10分。

● 奥之院までは「奥之院口」まで15分。下車後、御廟まで徒歩40分。
もしくは「奥之院前」まで18分。下車後、御廟まで徒歩20分。

車の場合 ●京都・大阪方面から

阪神高速松原線から南阪奈自動車道「葛城IC」で下り、五條方面へ。

京奈和自動車道「五條北IC」～「紀北かつらぎIC」で下り、国道24号線経由、480号線で高野山。

「紀北かつらぎIC」から約45分。または、阪和自動車道「泉南IC」で下り、県道63号線、国道24号線経由、国道480号線で高野山。「泉南IC」から約90分。

※高野山への道路は狭いため、行楽シーズン中は渋滞します。
冬期は路面が凍結して積雪もありますので、スタッドレスタイヤかチェーンの装備が必要です。

心を整える
高野山のお経
CDブック

発行日　2015年 7月1日　第1版第1刷
発行日　2015年10月5日　第1版第12刷

著者	高野山一乗院
読経と声明	佐伯公応、後藤謙公、野田宜応、山本真弘、井内俊応、大竹崇応（高野山一乗院）
デザイン	河南祐介、塚本望来（FANTAGRAPH）
写真	Kankan
イラスト	フクイヒロシ
編集協力	有限会社ナインヘッズ
校正	中山祐子
協力	総本山金剛峯寺 福武典子、田窪潤、篠はるみ、有限会社ラシリン
編集担当	舘瑞恵
営業担当	菊池えりか
営業	丸山敏生、増尾友裕、熊切絵理、石井耕平、伊藤玲奈、綱脇愛、櫻井恵子、吉村寿美子、田邊曜子、矢橋寛子、大村かおり、高垣真美、高垣知子、柏原由美、菊山清佳、大原桂子、矢部愛、寺内未来子
プロモーション	山田美恵、浦野稚加
編集	柿内尚文、小林英史、杉浦博道、伊藤洋次、栗田亘、片山緑、森川崋山
編集総務	鵜飼美南子、髙山紗耶子
メディア開発	中原昌志
講演事業	齋藤和佳、高間裕子
マネジメント	坂下毅
発行人	高橋克佳

発行所　株式会社アスコム

〒105-0002
東京都港区愛宕1-1-11　虎ノ門八東ビル
編集部　TEL：03-5425-6627
営業部　TEL：03-5425-6626　FAX：03-5425-6770

印刷・製本　中央精版印刷株式会社

Printed in Japan ISBN 978-4-7762-0879-2